Michael Heinen-Anders
Wenn die geistige Welt eingreift –
eigene Erfahrungen

Herstellung und Verlag:
BoD- Books on Demand, Norderstedt

ISBN 9783752879490

Inhaltsverzeichnis

Einleitung

„Der Mensch, welcher sich auf sich selbst besinnt, kommt bald zu der Einsicht, daß er außer dem Selbst, das er mit seinen Gedanken, Gefühlen und vollbewußten Willensimpulsen umfaßt, noch ein zweites kraftvolleres Selbst insich trägt. Er wird gewahr, wie er sich diesem zweiten Selbst als einer höheren Macht unterordnet. Zunächst wird der Mensch allerdings dieses zweite Selbst wie eine niedrigere Wesenheit empfinden gegenüber demjenigen, das er mit seinem klaren, nach dem Guten und Wahren neigenden vollbewußten Seelenwesen umspannt. Und er wird diese niedrigere Wesenheit zu überwinden trachten. Eine intimere Selbstprüfung kann aber über das zweite Selbst noch etwas anderes lehren. Wenn man im Leben öfter eine Art Rückschau hält auf dasjenige, was man erlebt oder getan hat, so wird man an sich eine eigentümliche Entdeckung machen. Und man wird diese Erfahrung um so bedeutungsvoller finden, je älter man wird. Wenn man sich fragt: Was hast du in dieser oder jener Zeit deines Lebens getan oder gesprochen?, dann stellt sich heraus, daß man eine ganze Menge von Dingen getan hat, die man eigentlich erst in einem späteren Lebensalter versteht. Da hat man vor sieben oder acht Jahren, oder vielleicht vor zwanzig Jahren Dinge getan, von denen man ganz genau weiß: Jetzt erst, nach langer Zeit, reicht eigentlich dein Verstand so weit, daß du die Dinge verstehen kannst, die du damals getan oder gesprochen hast. – Viele Menschen machen solche Selbstentdeckungen nicht, weil sie nicht darauf ausgehen.

Aber es ist außerordentlich fruchtbar, wenn der Mensch öfter eine solche Einkehr in seine Seele hält."

(Rudolf Steiner, GA 15, S. 9)

Es ist zuweilen außerordentlich bemerkenswert, wenn man rückblickend betrachtet, wie gewisse

Ereignisse dem Leben eine andere Richtung gegeben haben. Sie tauchen in unserer Erinnerung als „Wendepunkte" auf, und entstammen doch bei genauem Hinsehen unmittelbar aus der Geistigen Welt. Ob wir sie unserem höheren Ich oder vorausgegangenen Verstorbenen zuschreiben mögen, oder unserem „Schutzengel" oder gar noch höheren Hierarchien, dem Christus - oder auch etwa unserem spirituellen Meister - ist dabei im Grunde einerlei.[1]

Doch auch ganz anderes kann geschehen, was im nachhinein gleichfalls als „Lebenswende" erlebt werden wird:

„Diejenigen, die Christian Rosenkreutz zu seinen Schülern machen will, werden von ihm auf eine eigentümliche Weise dazu auserwählt.

Es handelt sich dabei darum, daß der also Erwählte achtgeben muß auf ein bestimmtes Ereignis oder mehrere Ereignisse dieser Art in

---

[1] Vgl. z.B.: Siegwart Knijpenga: Grenzerfahrungen – Christuserfahrungen, Stuttgart 2015 – sowie: Iris Paxino: Brücken zwischen Leben und Tod. Begegnungen mit Verstorbenen, Stuttgart 2018 – und: Werner Christian Simonis: Aus der kosmischen Pädagogik, Stuttgart 1979

seinem Leben. Es geschieht diese Erwählung durch Christian Rosenkreutz so, daß irgendein Mensch in seinem Leben an einen entscheidenden Wendepunkt, an eine karmische Krise herankommt. Nehmen wir zum Beispiel an, ein Mensch sei im Begriff, eine Sache zu begehen, die ihn zum Tode führen würde. Solche Dinge können die verschiedensten sein. Der Mensch geht einen Weg, der für ihn sehr gefährlich werden kann, vielleicht bis in die Nähe eines Abgrundes, ohne es zu bemerken. Es geschieht dann, daß der Betreffende vielleicht wenige Schritte vor dem Abgrund eine Stimme hört: Halt ein! - so daß er halten muß, ohne zu wissen warum. Tausend ähnliche Fälle kann es geben. Zu bemerken ist allerdings, daß dies nur das äußere Zeichen ist, aber das wichtigste Zeichen der äußeren spirituellen Berufung. Zur inneren Berufung gehört, daß der Erwählte sich mit irgend etwas Spirituellem, Theosophie oder sonstiger geistiger Wissenschaft beschäftigt hat. Das Ihnen genannte äußere Ereignis ist eine Tatsache in der physischen Welt, rührt aber nicht von einer menschlichen Stimme her. Das Ereignis ist immer so gestaltet, daß der

Betreffende ganz genau weiß, daß die Stimme aus der geistigen Welt kam. Es kann zuerst der Glaube herrschen, daß ein Mensch irgendwo versteckt sei, von dem die Stimme herrühre, aber wenn der Schüler reif ist, findet er heraus, daß nicht etwa eine physische Persönlichkeit in sein Leben eingegriffen hat. Kurz, die Sache ist so, daß durch dieses Ereignis der Schüler ganz genau weiß, daß es Mitteilungen gibt aus der geistigen Welt. Solche Ereignisse können einmal, aber auch öfters vorkommen im menschlichen Leben. Wir müssen nun die Wirkung davon auf das Gemüt des Schülers verstehen. Der Schüler sagt sich: Es ist mir durch Gnade ein weiteres Leben geschenkt worden; das erste war verwirkt. -

Dieses neue, durch Gnade verliehene Leben gibt dem Schüler Licht in seinem ganzen folgenden Leben. Er hat dieses bestimmte Gefühl, das man in die Worte kleiden kann: Ohne dieses mein Rosenkreuzer-Erlebnis wäre ich gestorben. Das nun folgende Leben hätte nicht denselben Wert ohne dieses Ereignis."

(Rudolf Steiner, GA 130, S. 69 – 70).

Sowohl in dem ersteren Fall, als auch in letzterem Falle, handelt es sich jeweils um Einwirkungen aus der Geistigen Welt.

„Glück gehabt"

Vielleicht fragt sich mancher eines Tages: Ich habe mich verrannt, ich stoße an meine Grenzen, wie soll das noch weitergehen? Und eben so „zufällig" kann es sein, dass angesichts auswegloser Situationen sich Ereignisse einstellen, „Wie vom Himmel geschickt", die alles wieder zum Guten wenden. „Glück gehabt" sagt man sich dann, bedenkt aber nur selten, dass es sich dabei um eine Einwirkung aus der geistigen Welt gehandelt haben könnte.

Erste Schulzeit

Meine erste Grundschulzeit begann in einer Katholischen Grundschule. Angesichts der geburtenstarken Jahrgänge herrschten dort die sogenannten „Kurzschuljahre", das heißt, ich durchlief die ersten vier Klassen in nur drei Jahren, statt vier, wie normalerweise.
Zunächst hatte ich eine sehr verstandnisvolle und pädagogisch gut agierende Lehrerin, die wir alle nur „Fräulein Statz" nannten. Doch aus irgendeinem Grunde war diese plötzlich von der Schule verschwunden, und wir bekamen einen Vertreter der „Schwarzen Pädagogik", Herrn Lindlar, welcher uns nicht nur schlug und anbrüllte, sondern dem der „Drill" unserer Klasse ein besonderes Anliegen war. Damals waren die Empfehlungen, welche die Schule bzw. der Lehrer für den weiteren Schulweg gab noch unumstößlich. Obwohl ich eigentlich recht

gute Noten hatte und leicht über dem
Durchschnitt lag, verpasste mir besagter Lehrer
eine Empfehlung für die Hauptschule, denn mein
Vater war lediglich einfacher Postbeamter, sprich
„Briefzusteller", da hatte sein Nachwuchs nichts
auf einer weiterführenden Schule zu suchen, so
mag damals der Lehrer gedacht haben.
Mitschüler dagegen, die einen Ingenieur oder gar
einen Lehrer als Vater hatten, wurden wie
selbstverständlich zum Gymnasium
durchgewunken. Doch Herkunfts-Underdogs,
wie ich, die mussten „selbstverständlich" auf die
Hauptschule. Meine Eltern waren damit nicht
einverstanden, zumindest meine Mutter
versuchte noch mit dem Lehrer zu reden, doch es
war alles umsonst.
Die Schichtzugehörigkeit meiner Eltern war das
entscheidende. Von einer „Waldorfpädagogik"
hatten meine Eltern nie etwas gehört. Und ich
glaube sie wissen selbst heute fast nichts darüber.

So kam es, wie es kommen muß: Ich begann die
weitere Schullaufbahn mit der Hauptschule.
Dort waren die Verhältnisse miserabel. Mehr als
45 Schüler wurden in einen viel zu engen

Klassenraum gepfercht, dabei bekam ich einen Platz in der letzten Reihe. Vom Unterricht verstand ich so gut wie nichts, angesichts des Lärms, der in der Klasse herrschte. Es blieb nicht aus, dass meine Noten dadurch litten. So kam es zu einem folgenschweren Entschluß der Klassenleitung, mich, der ich weit unterdurchschnittliche Noten hatte, auf die Sonderschule abzuschieben.

Damals herrschte aber die Vorschrift, dass dazu erst der IQ des „Delinquenten" zu ermitteln sei. So kam eines Tages – ohne jede Vorbereitung – der Musik- und Kunstlehrer Sester auf mich zu, um mit mir einen IQ-Test zu absolvieren.

Doch siehe da: Statt der erwarteten unterdurchschnittlichen Intelligenz wurde bei mir nun eine sehr hohe Intelligenz festgestellt (ein IQ von 120, wenn ich mich recht erinnere), was plötzlich den Weg

zur „höheren Schule" ebnete, den ich dann auch beschritt.

Wenn aber nicht der zuständige Lehrer, Herr Sester, mit einer hohen phänomenologischen Offenheit an diesen IQ-Test herangetreten wäre, - wer weiß, wie das Ganze dann hätte enden können.

Im Nachhinein sehe ich diesen Wendepunkt gleichfalls, wie einen Eingriff aus der „geistigen Welt", denn, dass mir dieser hervorragende Pädagoge (Herr Sester) für diesen Test, an die Seite gestellt worden war, das war beileibe keine Selbstverständlichkeit.

Ende erste Berufsausbildung – Rausschmiß

Zum Ende der Berufsausbildung, zu der mich mein sehr gewalttätiger Vater zwang – ich selbst strebte eher den Weg zur Fachoberschule an – und die ich nach meiner „mittleren Reife" begonnen hatte, stand ich vor folgender Situation. Meine Eltern hatten sich getrennt, und wurden geschieden. Mein Vater holte mit einer „Stiefmutter", wie man sie garstiger in kaum einem Kinderbuch sich ausmalen konnte, gleichzeitig ihre drei Kinder in die Familie. Er war immerhin Hausbesitzer und Beamter, also war reputabel auf dem Heiratsmarkt. Doch seine Gattin stellte auch die Forderung, dass ihre Kinder bevorzugt würden, worauf sich mein Vater denn auch einließ. Ab sofort waren mein Bruder und ich, wie man so schön sagt, „das fünfte Rad am Wagen".

Unmittelbar, nachdem ich, nach durchlaufener Berufsausbildung als kaufmännischer Angestellter und Buchhändler, meine erste berufliche Position gefunden hatte, wurde ich von meinem Vater, wie man so schön sagt „auf die Straße gesetzt", er gab mir eine Frist von nur zwei Wochen zum Auszug.

Glücklicherweise arbeitete meine Mutter als Haushaltshilfe bei einer älteren Dame, welche dem Bildungsbürgertum entstammte, und in einer kleinen Villa lebte, die gerade eine Untergeschoßwohnung zu vermieten hatte, und das für damals günstige 185 DM (inklusive Nebenkosten). Als ich vorher auf dem „freien Wohnungsmarkt" gesucht hatte, bekam ich nur Angebote in doppelter Miethöhe (ohne

Nebenkosten).

Da ich nach einiger Zeit Berufstätigkeit im Buchhandel, unbedingt vorhatte auf ein Berufskolleg zu wechseln, zur Erlangung der Fachhochschulreife, passte diese Wohnung mit den niedrigen Mietkosten sehr gut in meine weitere Planung. Denn das BAFöG-Geld von dem ich dann zu leben hätte, sah nur ein Minimum für Miete vor, was unter den dann fortan gegebenen Verhältnissen auch zukünftig abgedeckt war.

Auch hier sehe ich ein „Eingreifen der geistigen Welt". Ohne diese günstige Mietwohnung wäre mir der weitere berufsqualifizierende Aufstieg, doch nahezu unmöglich gemacht worden. Und da die alte Dame zum Bildungsbürgertum gehörte, sah sie denn auch meinen anschließenden Weg durchs Berufskolleg zur Fachhochschulreife mit Sympathie, und legte mir auch keine Steiner in den Weg, in der Wohnung auch während des zweijährigen Schulbesuchs verbleiben zu können.

Partnerwahl und „Fernehe"

Normalerweise lernt man in der Heimatstadt überwiegend Menschen kennen, die schon dort geboren sind. Rudolf Steiner betonte, wie stark in unserer Bewußtseinsseelenzeit die „Fernehe" gefordert sei, die „Nahehe" abzulösen, um mit der Herrschaft von Stammes- und Blutsverwandtschaft – die noch aus längst überlebten Zeiten herstammen – brechen zu können.

Die Gelegenheit Menschen aus anderen Regionen kennen zu lernen, bietet sich für gewöhnlich in internationalen Studentenclubs. Dort wird der jeweilige Besucher kontrolliert, ob er auch tatsächlich Student ist, als Ausweis dient dazu der Studentenausweis.

Im Jahre 1982, als ich dann endlich hochschulzugangsberechtigt war, versäumte ich es lange, einen Studienort zu wählen, die Termine für die Studienplatzvergabe waren bereits lange verstrichen.

Da fand ich zufällig durch eine Ausgabe der Zeitschrift „Wirtschaftswoche", die den

Schwerpunkt Studienwahl hatte, heraus, dass an der (Bergischen) Universität-Gesamthochschule Wuppertal (BUGHW) die Studienplatzvergabe unbeschränkt angeboten wurde, also der numerus clausus und ähnliche Hemmnisse für das Fach Wirtschaftswissenschaft dort entfielen. Die Studienplätze wurden direkt von der Hochschule vergeben.

Als ich dort Anfang August anrief, sagte man mir zu, mich zu einem relativ späten Termin, Anfang Oktober einschreiben zu können. Doch, durch vergangene Erlebnisse gewarnt, war mir recht schnell klar, dass ich dann nur noch wenige Tage für meine BAFöG-Antragstellung hätte, somit wäre mit einem Geldeingang noch im Oktober, also zu Studienbeginn, nicht mehr zu rechnen gewesen. Also rief ich nochmals das zuständige Studentensekretariat an, mit der Bitte um einen früheren Termin. Man sagte mir: „Ach kommen sie einfach vorbei…". Als ich dann tatsächlich in Wuppertal dort anlangte, war man zwar entsetzt, da ich erst einen sehr viel späteren „eigentlichen" Einschreibetermin gehabt hatte, stellte mir das Studienbuch und einen provisorischen Studienausweis dennoch – trotz einigen Murrens – auf den Tag genau aus, an dem ich erstmals Wuppertaler Boden betreten hatte – all dies geschah noch ganz zu Anfang August.

Nun hatte ich ja auch einen zwar provisorischen, aber dennoch bereits gültigen Studienausweis, und besuchte damit denn abends auch gleich den Kölner internationalen Studentenclub „Das Ding". Dieser galt damals durch die Art der Inneneinrichtung und Gestaltung als besonders günstig, um ein Wesen des anderen Geschlechts kennenlernen zu können. Und tatsächlich traf ich dort auf meine spätere Frau, mit der ich nach einigen Jahren zwei Kinder zeugte, und eine immerhin 20-jährige Beziehung innehatte – bevor diese Ehe dann zerbrach (doch davon später mehr).

Meine künftige Frau kam tatsächlich aus dem Westerwald, den ich bis dahin nicht kannte, aber nun bestens kennenlernen sollte. Hinterher sagte mir meine künftige Frau damals dann auch noch, „hätte nicht ich sie angesprochen, so hätte sie selbst mich angesprochen", - so kam zusammen, was aus Sicht der geistigen Welt zusammengehört. Wieder einmal, hatte also die geistige Welt eingegriffen.

Als der Beruf zur „Berufung" wurde

Noch während meines Studiums lernte ich über meine eigene Gründungsberatung (für Existenzgründer, die ich zusammen mit einem Informatiker betrieb), welche mit Landesgeldern bezuschusst wurde, eine sogenannte „Projektentwicklerin/Projektberaterin"[2] des NETZ für Selbstverwaltung NRW e.V. in Köln kennen.
Recht schnell wurde mir klar dass dieser in der Unternehmens- und Projektberatung angesiedelte Job eigentlich mein Traumjob war. Ich hörte zwar, dass dort für gewöhnlich vor allem

---

[2] Zum Stammkräfteprogramm NRW, aus dem diese Stellen refinanziert wurden, siehe z.B.: Hans-Joachim Petzold/Christoph Eckhardt/Per-Marcel Ketter/Anna Ramme: Soziale Beschäftigungsprojekte gegen Langzeitarbeitslosigkeit – Sackgasse oder zukunftsweisende Integration?, Heidelberg 1990

Diplom-PädagogInnen, LehrerInnen, SozialwissenschaftlerInnen usw. usf. eingestellt wurden, liess mich aber davon nicht bange machen, obwohl ich ausgebildeter Diplom-Ökonom war. Letztlich, so sagte ich mir, passt dieser – nämlich mein - Beruf doch ganz ausgezeichnet, zu solch einer Art Tätigkeit.

Nachdem ich bereits in einer kleinen Kölner Film-Firma im Rahmen eines befristeten Vertrags erste Berufserfahrungen gesammelt hatte, und das Arbeitsverhältnis auch bereits wieder beendet war, da las ich in der Rheinischen Post „Projektentwickler" von großem Wohlfahrtsverband gesucht. Dort bewarb ich mich dann, und wurde – eigentlich wieder erwarten – auch zu einem Vorstellungsgespräch eingeladen. Da ich vor diesem Gespräch reichlich nervös war, besorgte ich mir in der Apotheke ein nicht verschreibungspflichtiges anthroposophisches Angstlösungsmittel, Pulmo D6 in einem 20 ml-Gläschen, - kurz vor dem Gespräch trank ich in einem unbeobachteten Moment das ganze Mittel auf einmal – so überaus nervös war ich – und es half tatsächlich. Ich konnte mich ausgezeichnet präsentieren und auf die allfälligen Fragen, auch genau das richtige antworten.

Als ich am Wochenende darauf meine Post durchsah, da fand ich eine Stellenzusage, allerdings auf 2 ½-Jahre befristet und relativ gering bezahlt. Ich sagte dennoch zu – denn ich hatte wider Erwarten einen Traumjob gefunden, so wollte ich es wenigstens zu Beginn noch sehen. Tatsächlich hatte ich ein Jahr lang sehr zu kämpfen auf dieser Stelle, angesichts der doch recht hohen Erwartungen an diese Position. Doch nachdem 1 ½ Jahre auf dieser Stelle vorbei waren, konnte ich tatsächlich sagen, dass diese Stelle einen Traumjob darstellte, mit dem großen Manko allerdings, dass sie furchtbar schlecht bezahlt wurde.

Und auch hier griff die geistige Welt wieder ein, denn ohne das Mittel aus der anthroposophischen Medizin wäre ich wohl zu nervös und unkonzentriert gewesen, um mich optimal präsentieren zu können. (Meines Wissens ist das Mittel heute nur noch in Ampullenform erhältlich).

Als die zeitliche Befristung auf dieser Stelle verstrichen war, erhielt ich den Tipp eines Mitarbeiters einer weit entfernten Außenstelle dieses Wohlfahrtverbandes, es wäre eine weitaus besser bezahlte Stelle in der Wirtschaftsförderung Kreis Borken ausgeschrieben, in welcher ich mein können noch hervorragender einsetzen konnte. Da ich einen Teilnehmer des Vorstellungsgesprächs auch bereits vorher beruflich bedingt kannte, und da dieser offensichtlich eine hohe Meinung von mir hatte, so erhielt ich auch auf diese Stelle eine Zusage. Der Haken war nur die sehr kurze Laufzeit der Befristung von nur 10 Monaten. Dass ich danach dann wieder arbeitslos war, das hätte ich mir im vorhinein nicht träumen lassen, doch genau so war es.

Nun folgte eine Phase längerer Arbeitslosigkeit, die ich aber gut zu nutzen verstand (doch davon später mehr). Auch jetzt überlegte ich wieder, was denn wohl mein Traumjob wäre. Und siehe da, ich kam auf die Sozial-, Schuldner- und Arbeitslosenberatung. Eine solche Anlaufstelle hatte ich im Rahmen meiner beiden vorherigen

Stellen wiederholt besuchen können, musste aber erfahren, dass es solche Stellen in der Regel nur als befristete ABM-Stelle gab. Da ich bereits ein halbes Jahr arbeitslos war, kam ich für solch eine ABM-Stelle durchaus in Frage. Ich benötigte nur noch die Zuweisung des Arbeitsvermittlers der (damals noch) Bundesanstalt für Arbeit. Diese erhielt ich zu meiner Überraschung auch. Als ich mir die Einrichtung einmal näher anschauen wollte, so fand ich nur eine einzige Mitarbeiterin der Einrichtung vor, Samira E., - eine Deutsche, die sich aber einem Sufi-Orden angeschlossen hatte, und nebenher noch Sozialarbeiterin war. Sie führte mich durch die ganze Einrichtung und zeigte mir auch die Beratungsbüros, wobei ich überaus von ihrer ruhigen und freundlichen Art sehr angetan war.

Tatsächlich wurde ich auch hier zum Vorstellungsgespräch eingeladen, und dank der Fürsprache eben jener Samira E., erhielt ich denn auch diese Stelle, allerdings nur befristet auf 11 Monate.

Und wiederum hatte hier wohl die geistige Welt ihre Hände mit im Spiel, denn Samira sagte mir später, man habe meinen Augen angesehen, dass ich ein spiritueller Mensch sei – dies gab dann wohl für sie den Ausschlag.

Die geistige Neuerweckung

Obwohl ich nach vorübergehenden Irrwegen beruflich schließlich eine Phase einleiten konnte, die mir ganz und gar entsprach, war es so dass durch die vielfältigen Verpflichtungen – auch im Hinblick auf meine gleichzeitig noch zu erziehenden Kinder - diese doch meine ganze Aufmerksamkeit erforderten.
Schöpferische Pausen, gab es da wenige. Doch es ergab sich, dass aus meinem ersten Arbeitsverhältnis herrührende Rechtsstreitigkeiten, zu einem „dicken" formalen Fehler seitens des von mir beauftragten Anwaltsbüros führten. Nachdem durch alle Instanzen erfolglos geklagt worden war, mußte so die Haftpflichtversicherung meines Anwalts eintreten, doch dies geschah erst einige Jahre,

nach dem auslösenden Ereignis. Gerade zu dieser
Zeit las ich in der Zeitschrift „INFO 3" von
einem Seminar auf der griechischen Insel
Santorini zu dem geistigen Testament Bernard
Lievegoeds („Über die Rettung der Seele"),
veranstaltet von Cornelia Härtelt und mit dem
Referenten Jelle van der Meulen. Da mich in
dieser Zeit der Geldsegen aus der
Haftpflichteinlösung gerade erreichte, war ich
flüssig genug, um an diesem zweiwöchigen
Seminar teilnehmen zu können, was ich dann
auch in die Tat umsetzte.

In den zwei Wochen auf Santorini herrschte
zwischen den Veranstaltern und den
Teilnehmern dieses Seminars, die überwiegend
aus Mitteleuropa und da überwiegend aus
Deutschland und den Niederlanden kamen, (mit
Ausnahme einer Griechin namens Parthena), eine
solch freundschaftliche und vertrauensvolle
Atmosphäre, als dass sich diese kurze Zeit zu
einem regelrechten geistigen „Jungbrunnen"
entwickelte. Ich durfte tief in die wahre
Anthroposophie eintauchen (so erlebte ich es
jedenfalls), konnte mich erstmals völlig frei und

tief offenbaren, was dann anschließend dazu führte, dass ich mich auch im Kölner Zweig einer freien, sehr offen gehaltenen Arbeitsgruppe anschloß, und schließlich auch Mitglied der Allgemeinen Anthroposophischen Gesellschaft (AAG) wurde.

Gleichzeitig gelang es mir auch einen persönlichen und später auch freundschaftlichen Kontakt zu einem anthroposophischen Hellseher (Hermann Keimeyer) herzustellen. Dieser sagte mir aufschlußreiches über meine vorherige Inkarnation. Und all das führte zu einer ungeheuren Belebung meines Verhältnisses zur „Geistigen Welt" im Allgemeinen und zur Anthroposophie im Besonderen.

Wieder hatte sich alles so gefügt, als habe die geistige Welt dies orchestriert.

Abenteuer auf der Autobahn

Der Beruf forderte mich vorher weiterhin, nun
verstärkt im Kreis Borken, und dort hatte ich auf
den Autobahnen und Landstraßen gleich
mehrfach einige „Beinahe-Unfälle". Gleich zwei
davon blieben mir noch lange im Gedächtnis
haften. Ich war auf einer langen Landstraße in
einem sehr hügeligen Gebiet unterwegs. Da ich
damals einen Wagen fuhr, der sehr langsam
beschleunigte, und ich im allgemeinen auch nicht
die Höchstgeschwindigkeit (dort 100 km/h) voll
ausreizte, hatte ich Schwierigkeiten einem
„rasenden LKW" der hinter den Hügeln
auftauchte auszuweichen. Es rief eine Stimme
„Halt" und in eben diesem Moment setzte ich
meinen Wagen in den nicht stark abschüssigen
Graben, und der LKW donnerte mit geschätzten
150 Stundenkilometern an mir vorbei. Ohne
diesen Anruf aus der geistigen Welt, wäre ich
wohl tot gewesen.

Ein anderes Mal fuhr ich nach Hause – vom Ort Gronau nach einem langen Arbeitstag kommend – und fuhr auf eine Autobahnauffahrt auf, wo ich versuchte stark zu beschleunigen, aber mein PKW dem nur unzureichend nachkam. Ich bemerkte wieder eine Stimme „Halt", die mich im letzten Moment davor rettete in die links verengenden Leitplanken kurz vor der Einmündung in die Autobahn zu rasen – ich war nämlich fast unmerklich beinahe eingeschlafen. Und wieder einmal hatte die geistige Welt mich gerettet.

Kurz vor dem Selbstmord

Etliche Zeit später wiederum, zu Anfang des Jahres 2003 mußte ich meine Ehe als gescheitert ansehen.
Meine Frau erklärte die Trennung, und bat mich auszuziehen. Diesem Verlangen entsprach ich denn auch drei Monate später pünktlich zum „Karfreitag".

Mir kam die gesamte Angelegenheit, da ich seinerzeit an starken Depressionen litt, die mich bis kurz vor den Selbstmord führten, wie eine ganz und gar unmenschliche Strapaze vor. Auch beruflich erhielt ich kurze Zeit später die Kündigung (des ohnehin befristeten Vertrages). Mit der Trennung brach mir mein gesamtes persönliches Umfeld in Troisdorf (meinem damaligen Wohnort) weg. Nur zwei Jugendfreunde hielten noch zu mir. Doch diese wohnten weit entfernt von mir, der eine in Aachen, der andere in Kaarst.

So war ich, der ich gezwungen war, wieder nach Köln umzusiedeln, nun plötzlich völlig auf mich alleine gestellt.

Zu ebendieser Zeit meldete sich bei mir eine römisch-deutsche Schamanin mit Namen Alessandra.

Sie sagte, sie habe meinen Hilferuf aus dem Internet vernommen. Und sie begleitete mich in diesen Monaten mit täglichen Telefonaten, die bei mir wie Wundpflaster auf meine verletzte Seele wirkten. Es gab auch mehrere persönliche Treffen mit Alessandra, die zufällig gerade eine

Ausbildung als Psychotherapeutin absolvierte. Etwas später meldete sich auch noch eine Salzburger wissenschaftliche Laborantin und Reiki-Meisterin, gleichfalls eine Internet-Bekanntschaft, die ich auch einmal persönlich in Salzburg aufsuchte, um mir gleichfalls seelisch-spirituell Hilfe zu leisten. Auch sie half mir an mehreren Klippen auf meinem weiteren Wege sehr verständig weiter, und ich begann wieder nach vorne zu sehen, statt immer nur nach rückwärts.

Das Eingreifen der geistigen Welt hatte mich wiederum gerettet.

Die „Eigenbedarfskündigung"

Zu allem Überfluß kam ich in meiner alten und neuen Heimat Köln, nicht so zurecht, wie ich mir das vorgestellt hatte. Statt neuer Freunde, gewann ich lediglich zweifelhafte „falsche

Freunde" hinzu, auf die nur sehr bedingt Verlaß war, und von denen einer sich so stark in meine gescheiterte Ehe einmischte, als dass ich bald schon eine Klage wegen „Übler Nachrede" am Halse hatte.

Zugleich mußte ich wegen starker Depressionen bald eine Klinik aufsuchen, die mir aber keinen Deut wirkliche Hilfe bot.

Und zu eben diesem Zeitpunkt wollten meine Vermieter in Köln-Poll mich loswerden, mittels einer konstruierten Eigenbedarfsklage. In der ersten Instanz siegte ich zwar noch gegen die Vermieter, doch als die zur nächsthöheren Instanz schritten, da kam es mir vor, als hätten sie den federführenden Richter bestochen – so einseitig endete dieser Prozeß. Ich erhielt zwar noch eine mehrmonatige Frist auszuziehen, doch hatte ich angesichts zweier negativer Schufa-Einträge, tatsächlich kaum die Chance etwas Neues zu finden. Ich stand also kurz vor der Obdachlosigkeit.

Doch auch in dieser scheinbar auswegslosen Situation setzte wieder die Hilfe der geistigen Welt ein.

Ich erhielt nämlich im Rahmen eines ABMähnlichen Projektes die Chance wieder als Schuldnerberater zu arbeiten, allerdings auf 11 Monate befristet. Doch ich hatte Glück: Meine Arbeits- und Verdienstbescheinigung suggerierte eine Dauerbeschäftigung, da nur der Eintrittstermin, nicht aber der voraussichtliche Austrittstermin dort vermerkt war.

Und so kam ich zu meiner großen Freude zu einem Wohnungsangebot der Mieter- und Baugenossenschaft „Mieterschutz", welche auf eine Schufa-Auskunft verzichtete, da ich ja bereits eine Arbeitsbescheinigung (formal unbefristet) vorgelegt hatte.

Und auch hier erfuhr ich wieder die Hilfe der geistigen Welt, die alles so einzurichten verstanden hatte, als daß ich nicht in der Obdachlosigkeit enden musste.

Eine neue Bekanntschaft

Zugleich lernte ich bei einer angeordneten, aber doch im Grunde selbstgesuchten Fortbildung im Steuerrecht (für Wirtschaftswissenschaftler und Juristen) eine neue Bekannte und Freundin kennen, die mich über etliche Jahre und Tage, bis zum heutigen, immer wieder mit ihren Impulsen hilfreich begleitet, und auch da anpackt, wo sich sonst niemand findet.

Auch hier liegt die Hilfe der geistigen Welt nahe.

Viele weitere Beispiele

Es gibt noch viele weitere Beispiele, die hier zu nennen wären – doch ich will hier nicht vom hundertsten ins tausendste kommen. Hervorheben möchte ich auf jeden Fall noch die uneigennützige Computerspende von Manfred Röhr, die mir wirklich in vielerlei Hinsicht weitergeholfen hat. Auch zahlreichen weiteren „hilfreichen Geistern" möchte ich auf diesem Wege danken.

Schließen möchte ich hier mit
„Meditationsworte, die den Willen ergreifen":

„(Zeitgeist Michael)
Sieghafter Geist
Durchflamme die Ohnmacht
Zaghafter Seelen.
Verbrenne die Ichsucht,
Entzünde das Mitleid,
Dass Selbstlosigkeit,
Der Lebensstrom der Menschheit,
wallt als Quelle
Der geistigen Wiedergeburt."

(Rudolf Steiner, GA 268, S. 73)

Autobiographische Notiz:

Michael Heinen-Anders wurde am 25.02.1960 in Köln geboren. Er studierte an der Bergischen Universität Wuppertal Wirtschafts- und Sozialwissenschaften.
1988/89 schloss er das Studium als Diplom-Ökonom ab.
Michael Heinen-Anders trat 1994 der Anthroposophischen Gesellschaft, Zweig Köln, bei. Seit 2011 ist er gleichfalls Mitglied der Freien Hochschule für Geisteswissenschaft.
Er veröffentlichte zahlreiche literarische, essayistische und wissenschaftliche Schriften, darunter „Aus anthroposophischen Zusammenhängen", BOD, Norderstedt 2010 und „Aus anthroposophischen Zusammenhängen Band II", BOD, Norderstedt 2017.
Michael Heinen-Anders lebt in Köln, ist geschieden und hat zwei erwachsene Töchter.